Los pantanos

Yvonne Franklin

Los pantanos

Asesores en ciencias
Scot Oschman, Ph.D.
David W. Schroeder, M.S.

Créditos
Dona Herweck Rice, *Gerente de redacción*; Lee Aucoin, *Directora creativa*; Timothy J. Bradley, *Responsable de ilustraciones*; Conni Medina, M.A.Ed., *Directora editorial*; James Anderson, Katie Das, Torrey Maloof, *Editores asociados*; Rachelle Cracchiolo, M.S.Ed., *Editora comercial*

Teacher Created Materials
5301 Oceanus Drive
Huntington Beach, CA 92649-1030
http://www.tcmpub.com
ISBN 978-1-4333-2140-5

Reprinted 2013
Printed in China
Nordica.082019.CA21901024

Tabla de contenido

Un mundo propio

Mira alrededor y escucha. Verás porciones de tierra que se adentran en el agua. Verás plantas que brotan debajo de su superficie. Una libélula revolotea por el aire. Juncos finos ceden bajo el peso de caracoles diminutos. Una rana verde atrapa a una mosca holgazana. Los mirlos cantan. Las totoras se sacuden en el viento. Una garza parada sobre una de sus largas patas, observa el panorama sobre la superficie. Debajo, las pequeñas bacterias mantienen limpia el agua.

Estamos en un **pantano.**

Los pantanos

Un pantano es una superficie de tierra que está inundada de agua la mayor parte del año. En él, conviven sistemas acuáticos y terrestres. Las plantas y los animales utilizan tanto el agua como la tierra en estos lugares. En los pantanos se pueden encontrar muchas **especies** diferentes.

¿Cuánto?

Los pantanos representan alrededor del seis por ciento de la superficie de la Tierra.

Los pantanos tienen una variedad de vida vegetal y animal.

Como las piezas de un rompecabezas

¿Armaste un rompecabezas alguna vez? Todas las piezas trabajan en forma conjunta; entre todas completan una escena. Si falta una pieza, el rompecabezas no funciona. Necesita todas sus piezas.

Un pantano es un tipo de **ecosistema**. Un ecosistema es como un rompecabezas. Todos sus componentes viven y trabajan juntos. Las plantas y los animales dependen unos de otros. También dependen de la tierra, el aire y el agua. Forman un equipo perfecto. El ecosistema no funciona bien si falta alguna de sus piezas. Si eso sucede, el rompecabezas no está completo.

Algunas partes de un ecosistema están vivas. Otras no. El aire no está vivo. Pero las plantas y los animales lo necesitan para vivir. El agua y la tierra no están vivas. Pero las plantas y los animales también las necesitan.

El mangle rojo crece en una marisma.

Los peces buscan seguridad y alimentos entre las raíces del mangle.

Ecosistema

La palabra *ecosistema* se utilizó por primera vez en 1930. Un científico llamado Roy Clapham la utilizó para describir las partes físicas (tierra, aire, agua) y biológicas (plantas, animales) de un **medio ambiente**.

Tipos de pantanos

Las marismas, ciénegas y esteros son clases de pantanos comunes. Los estuarios, las pozas de marea, los *bayous* (BA-iu) y las charcas vernales también son pantanos. Hay dos tipos de pantanos. **Los pantanos de agua dulce** se encuentran tierra adentro y no reciben agua salada del océano. **Los pantanos de marea** se crean por la marea oceánica. Éstos sí contienen agua salada.

En un ecosistema hay un equilibrio de vida.

Pantanos en desaparición

Solamente en los Estados Unidos, la acción del ser humano destruyó más de la mitad de los pantanos. En el Estado de California, desapareció más del 90 por ciento de los pantanos.

Cuando se vacían los pantanos, el medio ambiente sufre.

Los pantanos son una parte importante del medio ambiente, pero las personas no siempre lo creyeron así. Hubo una época en que pensaban que los pantanos eran un problema; después de todo, eran el hogar de los mosquitos. Los pantanos parecían ocasionar enfermedades, y las personas creían que los pantanos eran un desperdicio de tierra. Querían usar esos terrenos para otras cosas, de modo que comenzaron a drenar la tierra. Luego, la utilizaron para instalar granjas y viviendas. Los mosquitos desaparecieron. Las plantas y los animales, también.

El mundo necesita los pantanos. En la actualidad, las personas saben que es verdad.

¿De dónde viene el agua?

El agua de los pantanos de agua dulce proviene de arroyos y del aumento del nivel de las **aguas subterráneas**. El agua de los pantanos de marea también proviene de esas mismas fuentes, pero además proviene de los océanos.

Los pantanos son importantes. Funcionan como filtros para el medio ambiente. Un filtro permite que las cosas buenas pasen e impide las cosas dañinas. Los pantanos filtran los desechos del agua y así impiden que éstos le hagan daño a otros seres vivos. Por supuesto, los pantanos sólo pueden filtrar una cierta cantidad de desechos. Si las personas son descuidadas, los pantanos no pueden hacer su trabajo.

Los pantanos también retienen agua excedente. Cuando llueve mucho, existe la posibilidad de que haya inundaciones. Los pantanos pueden evitar que el agua inunde otras áreas, ya que le dan tiempo al agua para que se filtre en la tierra o fluya hacia el océano.

Los pantanos también son el hogar de seres vivos. En ellos viven plantas y animales de todo tipo. Hay casi más especies de animales en los pantanos que en cualquier otro ecosistema.

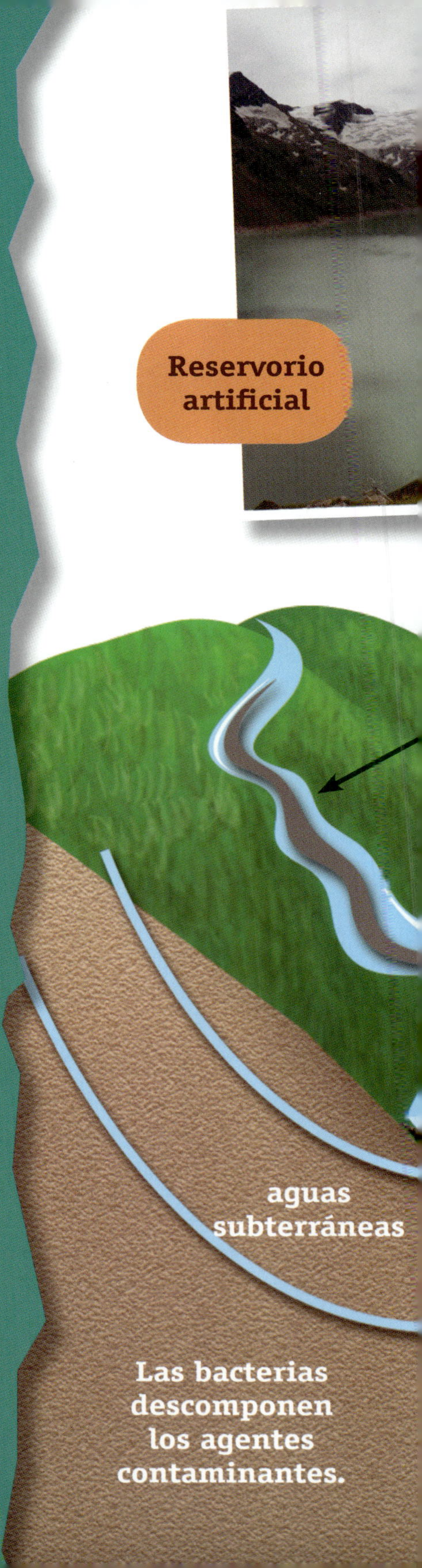

Reservorios

Un **reservorio** es un área que contiene agua. Algunos reservorios los construyen las personas, y otros son parte de la naturaleza. Los pantanos son reservorios naturales.

¿Cómo funcionan los pantanos?

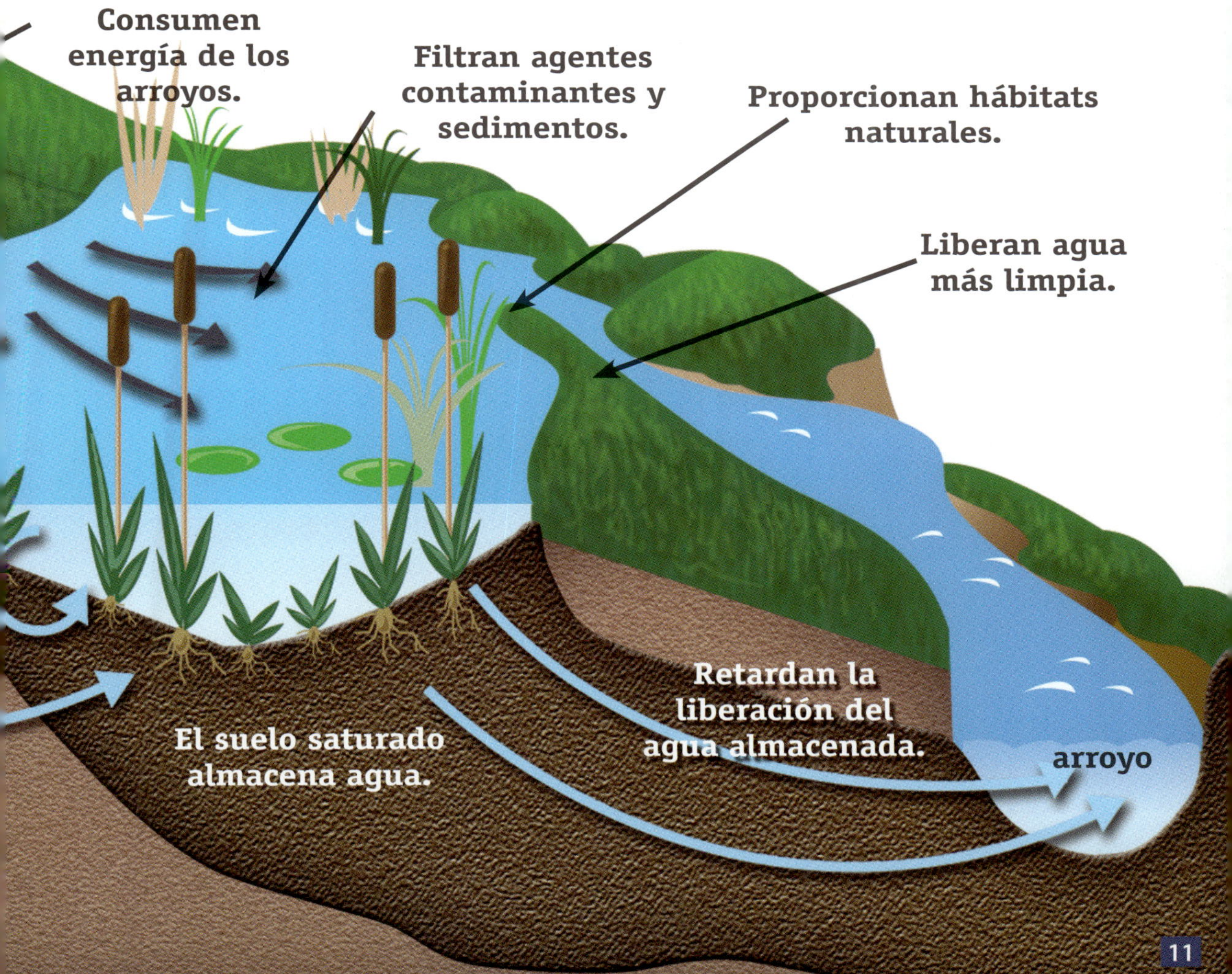

Los animales del pantano

tritón

nutria de río

somorgujo

Los animales son un elemento importante en la mayoría de los pantanos. Muchas especies viven allí. Las **aves acuáticas** son comunes en los pantanos, así como los peces y otros habitantes del agua. Los insectos deambulan por los pantanos, y también lo hacen las arañas. Los **anfibios**, como los tritones, son comunes en los pantanos, al igual que los **reptiles**. Algunos **mamíferos**, como las nutrias de río, también los convierten en sus hogares.

Las personas suelen asociar a las aves con los pantanos. Esto es porque muchas aves viven alrededor de las plantas que se encuentran allí. Muchas de estas aves son aves acuáticas. Los patos recorren las aguas a nado. Los gansos vuelan sobre la tierra en forma de V. Las garzas se paran en una pata en el agua. Los chorlitos se sumergen en el agua en busca de peces. Los somorgujos nadan bien pero suelen caerse cuando corren. Tienen las patas muy atrás en el cuerpo, ¡por eso les cuesta correr! Las fochas nadan y corren bien. Gracias a sus patas fuertes pueden hacerlo fácilmente.

Aves en peligro de extinción

Alrededor de la mitad de las especies de aves en peligro de extinción hacen sus hogares en pantanos.

La grulla blanca es una especie en peligro.

Agua por galón

Un acre (cuatro mil metros cuadrados) de pantano puede almacenar alrededor de 360,000 galones (1,300 litros) de agua (suficiente agua para llenar 20 piscinas de natación grandes). Tanta cantidad de agua hace que los pantanos sean un lugar divertido para nadar, recorrer en bote y jugar.

Tras descansar en un pantano, grandes bandadas de aves levantan vuelo a la vez.

Las aves pueden vivir bien en los pantanos. La gran cantidad de alimentos y de agua que hay en ellos los transforma en un hogar ideal. Las plantas altas les brindan refugio y seguridad. ¡No hay que buscar demasiado para encontrar un nido de aves en un pantano!

Por supuesto que, con tanta cantidad de agua, también hay muchos peces. Los lenguados, truchas marinas y lubinas estriadas son comunes en los pantanos. Los camarones, las almejas y los cangrejos viven allí de a millones. En los pantanos, la pesca ofrece a las personas una buena forma de ganarse la vida.

En los pantanos viven insectos de toda clase. Las condiciones de los pantanos suelen ser buenas para ellos. Las libélulas son muy comunes, como también son los mosquitos. Los zapateros tal vez sean los bichos más interesantes de los pantanos. ¡Pueden pararse sobre el agua! Tienen unos finos pelos en las patas que los ayudan a mantenerse a flote.

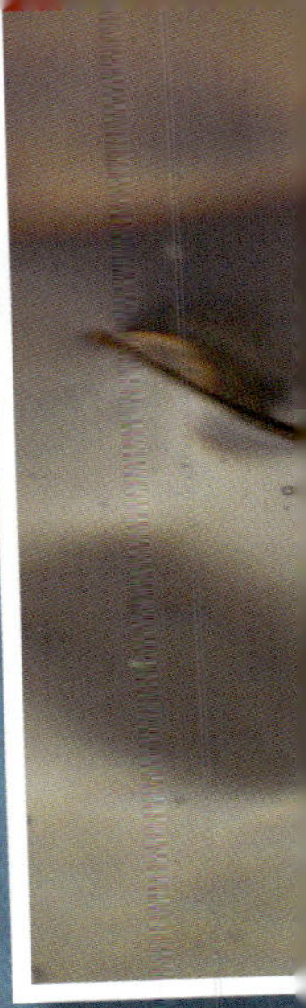

Pez mosquito

El pez mosquito ayuda a controlar la gran población de mosquitos que se encuentra en los pantanos. Pero a veces estos peces no son originarios de la región, y algunas personas pueden querer introducirlos a nuevas regiones para mantener baja la población de mosquitos. Pero los científicos creen que es una mala idea introducir nuevas especies en un medio ambiente, ya que eso puede perturbar el ecosistema.

zapatero

lubina estriada

camarón de agua dulce

rana de árbol o arborícola

Las ranas pueden llegar a ser los anfibios más comunes en los pantanos. Su croar resuena como un coro por el agua. Los cocodrilos y caimanes también son comunes en los pantanos. Necesitan tanto de la tierra como del agua para vivir. Pero no son anfibios; son reptiles.

represa de castor

Se pueden encontrar muchos mamíferos en los pantanos. Por ejemplo, las ratas almizcleras son mamíferos de pantanos. Pero con frecuencia los mamíferos sólo van a los pantanos a buscar presas. Algunos mamíferos no hacen los pantanos sus hogares, pero los mamíferos no podrían vivir sin ellos.

Mamíferos

Los mamíferos son animales de sangre caliente con pelo. Dan a luz crías vivas.

rata almizclera

Castores

¡Los castores son la única especie, aparte de los seres humanos, que puede crear sus propios pantanos! Para hacerlo construyen represas, mediante las que llenan un área con agua.

cocodrilos

caimanes

Los cocodrilos y los caimanes tienen mucho en común. La diferencia física más grande está en el morro. El del cocodrilo es largo, angosto y con forma de V. El del caimán es más corto y con forma de U.

Las plantas del pantano

Todas las plantas en algún momento necesitan agua. Las plantas del pantano necesitan agua todo el tiempo. Una de esas plantas es la espadaña.

Las espadañas crecen en el agua en muchos pantanos. Son verdes y delgadas. Se parecen al pasto, pero son muy altas. ¡Muchas son más altas que la mayoría de las personas! Forman un lugar ideal para que vivan los animales. Las aves pueden esconder sus nidos entre los juncos. Reconocemos a los juncos por sus flores peludas y rojizas.

Las totoras también son buenos lugares para esconderse. Crecen en forma espesa en muchos pantanos. Pueden ser hasta más altas que los juncos. Reconocemos a las totoras por sus flores largas y marrones. ¡Parecen perros calientes clavados en la punta de tallos angostos! Las flores se abren en otoño, y sus esponjosas semillas flotan en el viento.

Las ciénegas

En español *ciénega* o *ciénaga* es un sinónimo de pantano. Hay una calle famosa en Los Angeles llamada La Ciénega. Se le dio ese nombre por los pantanos que los españoles encontraron cuando llegaron a la región por primera vez.

Las totoras le brindan alimento y refugio a algunos de los animales que viven en los pantanos.

Carrizos y juncos, como esta espadaña, son comunes en los pantanos. Crecen en grupos tupidos a la orilla del agua.

¡Qué olor!

El olor del dragón fétido, una planta de uso medicinal, atrae a insectos como las abejas. Los insectos **polinizan** la planta y la ayudan a crecer. Probablemente, el mismo olor hace que otros animales no se acerquen y no se coman la planta.

El dragón fétido puede generar su propio calor. De esta forma puede empujar sus flores hacia arriba y atravesar el suelo congelado.

Algunas personas se quejan del mal olor de los pantanos. Puede ser que huelan el dragón fétido. Ésta es una planta que crece pegada al suelo, y recibió este nombre por el espantoso olor a zorrillo que tiene. Florece en primavera, y lo único que puede verse de ella son sus flores. Luego, sus hojas empujan a través del barro.

Las raíces del dragón fétido empujan hacia abajo el tallo de la planta. De esta forma, las plantas viejas se arraigan profundamente en la tierra. Es muy difícil arrancar una planta de dragón fétido vieja.

Uno de los tipos de árboles más comunes en los pantanos es el sauce. Los sauces crecen hasta tener alrededor de 15 metros (50 pies) de altura. Los hay de muchos tipos y se diferencian de acuerdo con sus hojas y ramas. El sauce llorón tiene largas ramas que cuelgan hasta tocar el suelo, y sus hojas son blancas de un lado. Las hojas del sauce blanco son angostas, y el árbol se cubre de flores blancas y esponjosas en primavera y verano.

flores del sauce blanco

Las flores del sauce llorón se llaman *amentos*.

sauces llorones

arbustos de sauce colorado

¿Árbol o arbusto?

Algunos sauces son árboles; otros son arbustos. La diferencia principal entre un árbol y un arbusto está en su cantidad de tallos. Los árboles suelen tener uno, mientras que, por lo general, los arbustos tienen muchos. Además, los tallos de los árboles generalmente llegan a ser más gruesos que los tallos de los arbustos.

Convivencia

Los miembros de una misma especie conviven. Se alimentan juntos. Tienen **crías** juntos. Cada miembro tiene un trabajo para hacer. Por ejemplo, los integrantes de una familia de patos conviven. Los adultos buscan alimentos para la familia y también protegen a su cría. Los patitos aprenden estas habilidades de sus padres, hasta que llega el día en el que ellos mismos buscan alimentos y protegen a su propia familia.

Pero las especies diferentes también conviven. Por ejemplo, hay ciertas aves que conviven con hipopótamos en pantanos africanos. Estas aves comen bichos que podrían llegar a dañar a los hipopótamos.

Las plantas y los animales de un ecosistema se afectan mutuamente. Algunos animales se comen a otros. Algunos comen plantas. ¡Y algunas plantas comen animales! Un ejemplo es la Venus atrapamoscas, una planta que come insectos y arañas.

El clima de una región también afecta a los seres vivos, así como lo hacen el tipo de tierra, agua y aire. Cada componente afecta a los demás. Algunos seres pueden sobrevivir bajo ciertas condiciones; otros, no. Un oso polar no podría vivir en un pantano. Un sauce llorón no podría vivir en el Ártico.

Venus atrapamoscas

convivencia de una misma especie

convivencia de especies diferentes

tortuga marina
y cormorán

rana en el pasto

garcetas a
la pesca

La Tierra está hecha de sistemas que se conectan entre sí. Cada ser vivo es parte de un sistema. Cada elemento que no tiene vida también la es. Todo afecta el medio ambiente en el que se encuentra.

Algunas personas dicen que cada aleteo de una mariposa puede provocar un maremoto. Lo que quieren decir con esto es que, por más pequeña que sea una acción, puede tener importantes efectos en otro lugar. Las personas tienen que ser cuidadosas con sus actos. Cada cosa que hacen tiene un efecto en todo lo que los rodea. ¡La verdad es que la Tierra, en definitiva, es un gran ecosistema!

brotes en un bosque de helechos

Laboratorio: ¿Cómo se forma un ecosistema?

Los ecosistemas están hechos de relaciones. En ellos conviven tierra, agua, aire y seres vivos. Los seres vivos dependen de todo lo que tienen alrededor para sobrevivir. Realiza esta actividad de laboratorio para aprender más sobre los ecosistemas.

Materiales

- papel y lápiz o bolígrafo
- hilo
- cinta
- libros de consulta o acceso a Internet

Procedimiento:

1. Copia el gráfico de la página siguiente en tu hoja de papel. Asegúrate de copiarlo en una hoja grande. Tiene que ser más grande de lo que ves aquí.
2. Escribe el nombre del ecosistema en la parte superior del gráfico.
3. Dentro de cada círculo, escribe el nombre de algún elemento que pertenezca a ese grupo y que viva en el ecosistema.
4. Traza líneas para conectar cada elemento con cada uno de los otros elementos que utiliza o necesita, o que lo necesitan o utilizan a él.

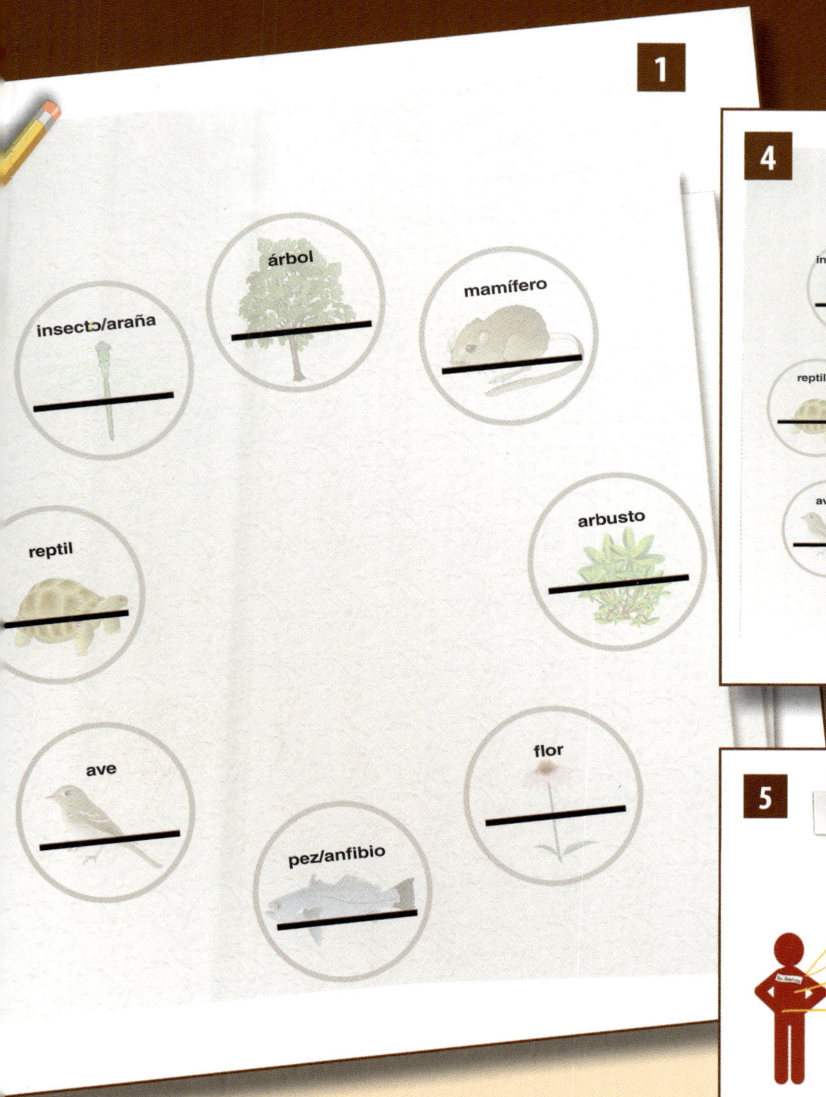

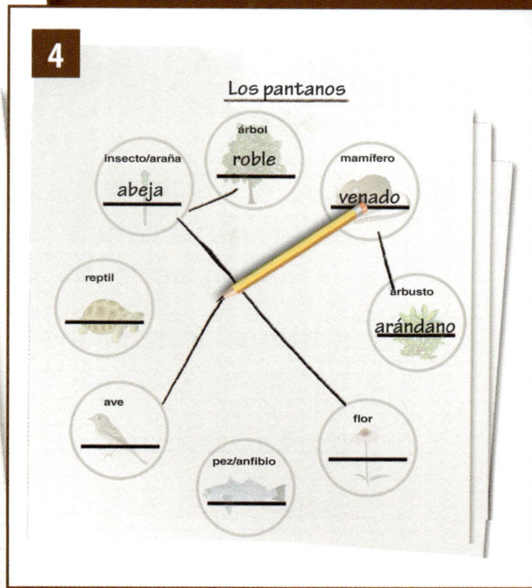

5. Ahora, entre todos, elijan uno de los gráficos que hicieron. Trabajarán todos juntos para hacer una representación física del gráfico. Para esto, escriban los términos clave del gráfico elegido en tiras de papel y distribúyanlas entre los estudiantes para que los representen. Luego, pueden usar el hilo y la cinta para conectar a los estudiantes. El hilo representa las líneas que conectaban las categorías en los gráficos.
6. Observa el gráfico de la clase: ¿Qué conclusiones puedes sacar acerca del ecosistema? Pregunta adicional: ¿Qué función desempeñan las personas en este ecosistema?

Glosario

agua subterránea—agua que se encuentra debajo de la superficie del suelo y que puede subir a la superficie

anfibio—vertebrado de sangre fría que vive en el agua y en la tierra, como la rana o el sapo

aves acuáticas—aves que viven en el agua o cerca de ella.

crías—los hijos de un padre en particular

ecosistema—región geográfica donde interactúan las plantas, los animales, la tierra, el aire y el agua

especies—grupo de seres vivos de la misma clase o con características comunes

mamíferos—animales con piel o pelo de sangre caliente que dan a luz crías vivas

medio ambiente—el aire, el agua, los minerales, los seres vivos, y todo lo que rodea a una región u organismo

pantanos de agua dulce—pantanos creados por agua que no es salada

pantanos de marea—pantanos creados por el agua salada de la marea oceánica

pantanos—superficie de tierra cubierta por un bajo nivel de agua durante la mayor parte del año, en la que coexisten sistemas acuáticos y terrestres

polinizar—proporcionarle polen a una flor

reptil—vertebrado de sangre fría, como las tortugas, las serpientes y los cocodrilos

reservorio—área natural o formada por la acción del hombre que contiene y almacena agua

Índice

Científicos de ayer y de hoy

Rachel Carson
(1907–1964)

Cuando era niña, Rachel Carson pasó mucho tiempo en la naturaleza. También le gustaba leer y escribir cuentos. Cuando creció, comenzó a escribir sobre la naturaleza. Su libro más conocido se llama *Primavera silenciosa* y se trata de cómo la contaminación puede dañar a los seres vivos. Rachel Carson ayudó a que las personas vieran la importancia de cuidar nuestro planeta.

Mary L. Cleave
(1947–)

Mary Cleave es experta en muchas áreas de la ciencia. En la universidad, estudió biología, ecología e ingeniería. Al terminar sus estudios universitarios, dedicó mucho tiempo a estudiar los animales en su entorno natural e investigó especialmente el desierto y sus animales. Luego, en 1980, ¡se convirtió en astronauta de la NASA! Voló al espacio exterior en dos misiones a bordo de un transbordador espacial.

Créditos de las imágenes

Portada y p.1: Studio Foxy/Shutterstock; p.4-5: Shutterstock; p.6-7 (arriba): Frontpage/Shutterstock; p.6-7 (abajo): Nancy Sefton/Photo Researchers, Inc; p.8-9: Getty Images/Photographer's Choi; p.9: Rick Nease; p.10-11: Kelly Brownlee; p.11: Gertjan Hooijer/ Shutterstock; p.12 (arriba): Stephen Bonk/Shutterstock; p.12 (centro): Avan/Shutterstock; p.12 (abajo): Uwe Ohse/Shutterstock; p.12-13: Craig K. Lorenz/Photo Researchers, Inc; p.13: John Wollwerth/Shutterstock; p.14: Gary Meszaros/Photo Researchers, Inc; p.14-15 (arriba): BugMan50/Flickr; p.14-15: Tom McHugh/Photo Researchers, Inc; p.15 (abajo): Dmitrijs Mihejevs/Shutterstock; p.16 (arriba): Martin Valigursky/Shutterstock; p.16 (abajo): Judy Crawford/Shutterstock; p.16-17: Mary Lane/Shutterstock; p.17 (arriba): Jason Kasumovic/Shutterstock; p.17 (abajo, izqueirda): Ronald Sumners/Shutterstock; p.17 (abajo, derecha): Mighty Sequoia Studio/Shutterstock; p.18-19: Filip Fuxa/Shutterstock; p.19 (arriba): Suzanne Tucker/Shutterstock; p.19 (abajo): John W. Bova/Photo Researchers, Inc; p.20 (arriba): Katrina Brown/Shutterstock; p.20 (abajo): Martin Bravenboer/Flickr; p.20-21: mtsn/Flickr; p.21: RL Johnson/Flickr; p.22: Rimantas Abromas/Shutterstock; p.22-23 Ian Wilson/Shutterstock; p.23 (arriba): Ruta Saulyte-Laurinaviciene/Shutterstock; p.23 (abajo): Sean Bagshaw/Photo Researchers, Inc; p.24: Jupiterimages Corporation; p.25: Jeff Thrower/Shutterstock; p.24-25: Getty Images; p.26-27: FloridwaStock/Shutterstock; p.26 (arriba, derecha): Larsek/Shutterstock; p.26 (arriba, izquierda): Max Bukovsky/Shutterstock; p.27: Luxe/Shutterstock; p.28-29: Nicolle Rager Fuller; p.32 (izquierda): Dirección de pesca y fauna silvestre de los EE.UU.; p.32 (derecha) NASA.